스마트폰
내 맘대로

저자 **김수진**

한국정보화진흥원, SK하이닉스, 한국전력공사, 국립중앙도서관, 한국표준협회 등에서 컴퓨터 분야 전문 강사로 활동하고 있다.

주요 저서로는 (주)다본에서 발행된 《ITQ 한글 2010》, 《ITQ 엑셀 2010》, 《ITQ 파워포인트 2010》, 《ITQ 한글+파워포인트+엑셀 2010》, 《ITQ 한글 2016》, 《ITQ 엑셀 2016》, 《ITQ 파워포인트 2016》, 《ITQ 한글+파워포인트+엑셀 2016》, 교학사에서 발행된 《My love 파워포인트 2003》, 《MY love 파워포인트 2007》, 《한글 2014로 문서 꾸미기》, 《한글포토샵 CC 사진꾸미기》, 《New My love 포토샵 CC》, 《윈도무비 메이커+스위시맥스+동영상 만들기》, 《기초에서 실무까지 정보화 실무 엑셀》, 《기초에서 실무까지 정보화 실무 파워포인트》, 《포토샵CC 2018》 등과 아티오에서 발행된 《포토스케이프》, 《엑셀 2013》, 《스위시맥스 UCC 동영상 만들기》, 《플래시 CS6》 등이 있다.

스마트폰 내 맘대로

초판 1쇄 인쇄 2020년 8월 07일
초판 1쇄 발행 2020년 8월 14일

지 은 이 김수진
펴 낸 이 한준희
펴 낸 곳 (주)아이콕스

기 획 / 편 집 아이콕스 기획팀
디자인(본문) 디자인봄
영 업 지 원 김진아
영   업 김남권, 조용훈

Education by Sympathy

주   소 [14556] 경기도 부천시 조마루로 385번길 122 삼보테크노타워 2002호
등   록 2015년 7월 9일 제2017-000067호
홈 페 이 지 http://www.icoxpublish.com
이 메 일 icoxpub@naver.com
전   화 032-674-5685
팩   스 032-676-5685
I S B N 979-11-6426-129-1 (13000)
        979-11-6426-142-0 (15000) 전자책

스마트폰
내 맘대로

with 안드로이드10

김수진 지음

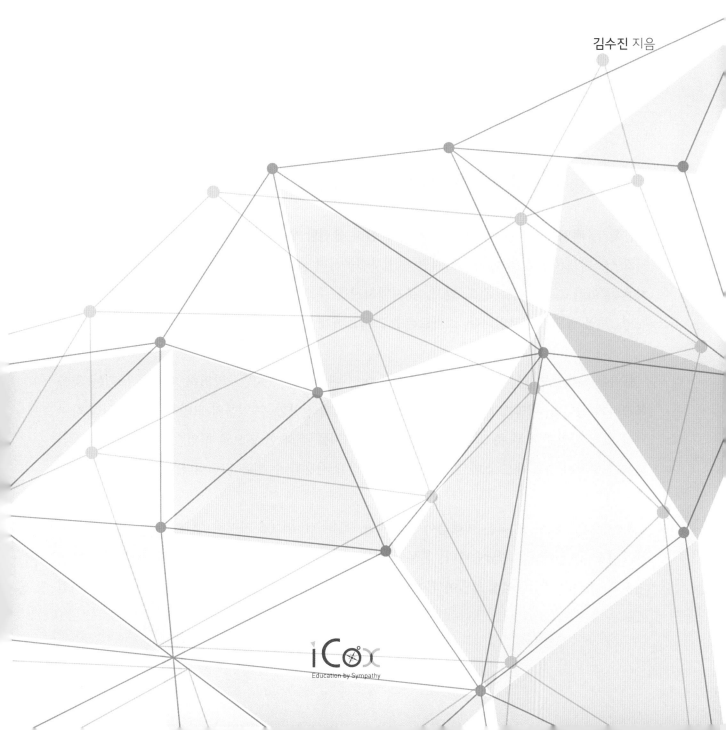

iCox
Education by Sympathy

프롤로그

전화기, 삐삐, 스마트폰이 없던 과거에도 전혀 불편함 없이 생활했던 것 같은데, 지금은 어떤가요? 스마트폰이 눈앞에서 사라지면 안절부절못하며 찾게 됩니다. 하지만 막상 스마트폰으로 하는 일이라고는 전화를 걸고 받고, 문자메시지를 주고받고, 간단한 정보검색과 메신저, 사진촬영, 게임 정도가 전부입니다. 스마트폰을 스마트하게 사용하지 못하는 셈이지요.

강의를 하다보면 많은 분들이 스마트폰에 대한 관심도는 높지만, 막연히 어렵게 느끼는 것을 목격하게 됩니다. 어떻게 하면 스마트폰 사용법을 쉽게 전달할 수 있을지 고민하다가, 강의를 하며 가장 많이 받았던 질문 중 꼭 알아야 할 기능 35가지를 추려 한 권으로 묶었습니다. 이 책에 담긴 내용만 천천히 따라 해도 스마트폰을 좀 더 똑똑하게 사용할 수 있을 것입니다.

책을 집필하며 크고 작은 어려움이 있었지만, 특히 〈Part 05 카메라 앱 활용하기〉를 쓸 때에 생각지도 못한 난관을 만났습니다. 본문에 실을 사진과 동영상을 촬영해야 하는데 모델이 없었던 거지요. 가족과 지인들에게 모델이 되어줄 것을 부탁했지만 보기 좋게 거절당하고, 볼펜이나 종이컵

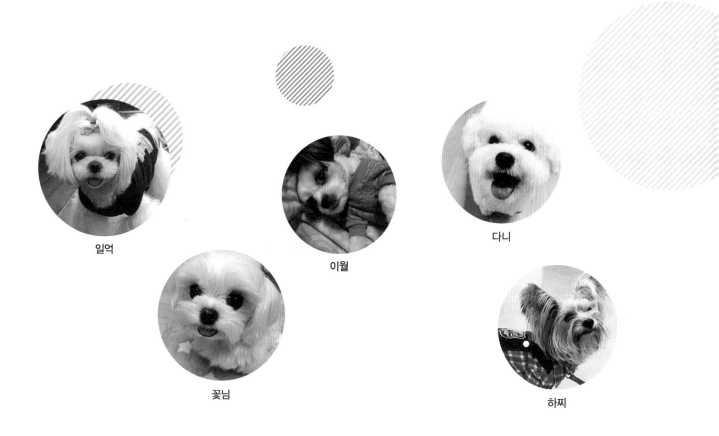

일억

이월

다니

꽃님

하찌

같은 사물을 찍으며 고군분투하는데, 그 모습을 보던 반려견 일억이가 힘차게 말했습니다. "멍멍멍! 내가 할게 모델!"

그렇게 모델이 된 일억이를 데리고 공원으로 갔습니다. 한참 사진을 찍어놓고 보니 미용을 하지 않은 탓에 헤어스타일이 엉망이었습니다. 도저히 사진을 쓸 수 없는 지경이었지요. 또 한번 좌절하다가 결국 일억이 친구 꽃님이를 섭외하기로 했습니다. 직접 말린 닭가슴살을 들고 꽃님이를 찾아갔습니다. 간식 하나에 흔쾌히 카메라를 쳐다보며 포즈를 취해준 꽃님이 덕분에 본문에 넣을 사진을 완성할 수 있었습니다. 이 책이 완성되는 데 큰 도움을 준 우리 댕댕이들 일억, 꽃님, 이월, 다니, 하찌에게 고맙다는 말을 꼭 하고 싶습니다. 또한 이 책을 출간할 수 있도록 많은 도움 주신 (주)다본 전대권 대표님, 이종두 대표님, 디자인 봄 대표님, 강원경 이사님께 감사의 말씀 드립니다.

저자 **김수진**

목차

Part 01

스마트폰 살펴보기

스마트폰이란 휴대전화와 컴퓨터가 결합된 지능형 단말기로 기존의 휴대전화와 크게 세 가지 다른 점이 있습니다.

첫째, 스마트폰에는 운영 체제가 있습니다(구글의 안드로이드나 애플의 ios 등).

둘째, Wi-Fi 기능이 있어서 인터넷을 이용하여 다양한 검색을 할 수 있습니다.

셋째, 스마트폰용 앱을 다운받아 설치하거나 삭제할 수 있습니다(카메라로 사진/동영상 찍고 편집하기, 음악/동영상 감상하기, 은행/증권 업무, 날씨, 지도, 쇼핑, 예약/예매 등).

미리보기

하드웨어 방식	소프트웨어 방식

학습내용

- 스마트폰의 버튼 기능에 대해 알 수 있습니다.
- 스마트폰의 기본 조작법을 배울 수 있습니다.
- 홈 화면을 추가하거나 삭제하는 방법에 대해 알 수 있습니다.

하드웨어 방식의 스마트폰은 화면과 별도로 메뉴, 뒤로 가기, 홈 버튼이 있으며, 소프트웨어 방식의 스마트폰은 스마트폰 화면 아래에 최근 실행 앱, 뒤로 가기, 홈 버튼이 있습니다.

** 스마트폰 제조사에 따라 버튼의 위치와 기능이 다를 수 있습니다.

❶ **전원 버튼** : 전원 버튼을 한번 누르면 스마트폰 화면이 켜지거나 꺼지며, 길게 누르면 전원을 끄거나 다시 시작할 수 있습니다.

❷ **카메라 렌즈** : 사진 촬영이나 영상 통화를 위한 카메라 전면 렌즈입니다.

❸ **음량 조절 버튼** : 스마트폰의 음량을 크게 하거나 줄일 수 있습니다.

❹ **최근 실행 앱** : 최근에 실행한 앱이 표시되며, 사용하지 않는 앱만 선택하여 종료할 수 있습니다. 또한 실행되고 있는 모든 앱을 종료할 수 있습니다.

❺ **홈 버튼** : 앱을 실행하다가 홈 버튼을 누르면 스마트폰의 홈 화면이 표시됩니다.

❻ **뒤로 가기 버튼** : 앱을 사용하거나 인터넷 검색 등을 하는 경우 한 단계 이전 화면으로 되돌립니다.

❼ **이어폰 연결 잭** : 이어폰을 연결하여 통화를 하거나 음악을 들을 수 있습니다.

❽ **외부 커넥터 연결 잭** : 스마트폰을 충전하거나 사진이나 파일을 컴퓨터로 옮길 때 사용됩니다.

❾ **스피커** : 스마트폰에 저장되어 있는 음악이나, 녹음한 내용을 들을 수 있습니다.

02 스마트폰 조작하기

① **터치** : 스마트폰 화면이나 아이콘을 가볍게 눌렀다 떼는 동작으로 애플리케이션을 실행하거나 원하는 메뉴를 선택할 수 있습니다.

② **롱터치** : 스마트폰 화면이나 아이콘을 2초 이상 눌렀다 떼는 것으로 필요한 기능을 추가하거나 옵션 설정을 할 수 있습니다.

③ **드래그&드롭** : 스마트폰의 화면이나 아이콘을 누른 상태에서 상·하·좌·우로 이동한 후 손을
떼는 것으로 화면이나 아이콘을 이동시킬 수 있습니다.

④ **핀치 줌** : 인터넷으로 검색한 화면이나 사진, 지도 등을 두 개의 손가락으로 넓히거나 좁히는
것으로 화면을 확대 또는 축소할 수 있습니다.

03 홈 화면 추가하고 삭제하기

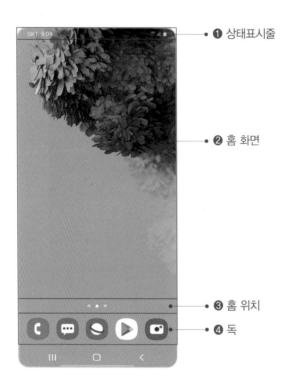

- ❶ 상태표시줄
- ❷ 홈 화면
- ❸ 홈 위치
- ❹ 독

❶ **상태표시줄** : 홈 화면 상단에 시간, 통화 수신 감도, 배터리 잔량, 벨소리 상태 등 각종 앱의 알림을 표시합니다.

❷ **홈 화면** : 컴퓨터의 바탕 화면과 같은 기능으로 자주 사용하는 앱의 아이콘이나 위젯 등을 등록하여 사용할 수 있습니다.

❸ **홈 위치** : 스마트폰의 홈 화면은 여러 개가 있는데, 현재 보이는 화면이 몇 번째 홈 화면인지 확인할 수 있으며, 원하는 화면으로 이동할 수도 있습니다.

❹ **독(Dock)** : 스마트폰에서 자주 사용하는 앱의 아이콘을 등록하여 빠르게 앱을 실행할 수 있습니다.

> **Tip**
>
> ① **애플리케이션(Application)**
>   스마트폰을 이용하여 정보를 검색하거나, 사진을 찍을 때 사용하는 프로그램을 말하며, 앱(App)이라고도 합니다.
>
> ② **근거리 무선망(Wi-Fi: Wireless Fidelity)**
>   무선 인터넷 기술로 무선 접속 장치(AP: Access Point)가 설치된 곳의 일정 거리 안에서 무료로 이용할 수 있는 근거리 통신망을 말합니다.

① **홈 화면을 2초 이상 길게** 누릅니다. 홈 화면이 편집 상태로 변경되면 화면을 왼쪽으로 드래그하여 다른 홈 화면으로 이동합니다.

② 홈 화면을 추가하기 위해 █를 **터치**하여 새로운 화면을 추가합니다. 홈 화면 편집을 종료하기 위해 스마트폰의 ◙**(홈) 버튼을 터치합니다.**

③ 홈 화면에 홈 위치의 개수가 하나 늘어난 것을 확인할 수 있습니다. 홈 화면을 왼쪽 또는 오른쪽으로 드래그하여 홈 화면을 이동할 수 있습니다.

④ 필요없는 홈 화면을 삭제하려면 삭제할 **홈 화면을 2초 이상 길게** 누릅니다. 홈 화면 편집 상태에서 **🗑(삭제)를 터치합니다.**

04 앱 아이콘 관리하기

① 자주 쓰는 앱 아이콘을 홈 화면에 등록하려면 **홈 화면을 위로 드래그** 합니다. 앱스 화면에서 [✹ 갤러리]를 2초 이상 길게 누른 다음 [🏠 홈 화면에 추가]를 선택합니다.

Tip

만약 홈 화면을 위로 드래그
했을 때 앱스 화면이 나타나
지 않는 경우 홈 화면에서
[▦ 앱스] 아이콘을 터치합
니다.

② 홈 화면에 갤러리 아이콘이 등록됩니다. 이번에는 갤러리 아이콘을 삭제하기 위해 [✹ 갤러리] 아이콘을 2초 이상 길게 누른 다음 [🏠 홈 화면에서 삭제]를 선택합니다.

Tip

기종에 따라 메뉴가 나타나
지 않는 경우 삭제할 아이콘
을 2초 이상 길게 누르면 홈
화면 위에 [바로 가기 삭제]
메뉴가 나타납니다. 이때 삭
제할 아이콘을 [바로 가기 삭
제]로 드래그하면 됩니다.

③ 폴더를 만들어 사진과 관련된 앱을 관리할 수도 있습니다. 스마트폰 홈 화면을 위로 드래그하여 앱스 화면을 표시합니다. [❋ 갤러리]를 [◎ 카메라] 위로 **드래그하여 겹칩니다.**

④ 폴더가 만들어지면 폴더 이름을 '**포토**'로 **입력**한 다음 [**완료**]를 **터치합니다.** [**< 뒤로**]를 **터치하여** 이전 화면으로 돌아갑니다.

Tip
[**< 뒤로**]를 터치할 때마다 이전 화면으로 한 단계씩 되돌아갑니다.

글자 입력하기

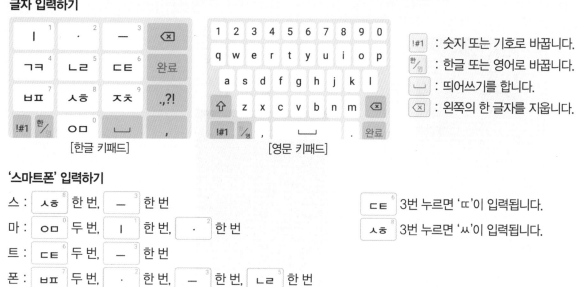

[한글 키패드]　　　　[영문 키패드]

!#1 : 숫자 또는 기호로 바꿉니다.
한/영 : 한글 또는 영어로 바꿉니다.
⎵ : 띄어쓰기를 합니다.
⌫ : 왼쪽의 한 글자를 지웁니다.

'스마트폰' 입력하기

스 : ㅅㅎ 한 번, ㅡ 한 번

마 : ㅇㅁ 두 번, ㅣ 한 번, · 한 번

트 : ㄷㅌ 두 번, ㅡ 한 번

폰 : ㅂㅍ 두 번, · 한 번, ㅡ 한 번, ㄴㄹ 한 번

ㄷㅌ 3번 누르면 'ㄸ'이 입력됩니다.

ㅅㅎ 3번 누르면 'ㅆ'이 입력됩니다.

⑤ 앱스 화면에 '포토' 폴더가 만들어진 것을 확인할 수 있습니다. **'포토' 폴더를 터치**하면 폴더가 열리고 갤러리와 카메라 아이콘이 모여 있는 것을 확인할 수 있습니다.

Tip

폴더 삭제하기

폴더 안에 등록된 앱 아이콘을 2초 이상 누른 다음 폴더 밖으로 드래그합니다. 폴더 안에 마지막 한 개의 아이콘이 남으면 자동으로 앱스 화면으로 아이콘이 이동되고 폴더는 삭제됩니다.

① 홈 화면의 **상태 표시줄**을 **아래쪽으로 드래그**하면 빠른 설정 메뉴가 나타납니다. 더 많은 빠른 설정 메뉴를 보기 위해 **빠른 설정 메뉴를 한 번 더 아래로 드래그**합니다.

② 빠른 설정 메뉴에서 [🔊 **소리**]를 터치하면 전화벨이 [🔇 **진동**]으로 바뀌고 **다시 터치하면** [🔇 **무음**], **다시 터치하면** [🔊 소리]로 바뀝니다.

③ 빠른 설정 메뉴에서 [💡 손전등]을 터치하면 스마트폰 뒤쪽으로 손전등이 켜집니다. 손전등을
끄려면 활성화된 [💡 손전등]을 다시 터치하여 비활성화 시킵니다.

Tip
스마트폰의 절전 모드를 사용하여 배터리 사용 시간을 늘릴 수 있습니다.
빠른 설정 메뉴에서 [🔋 배터리 관리 모드]를 터치한 다음 [절전 모드] 화면에서 [적용]을 선택합니다. 절전 모드를 해제
하려면 다시 활성화된 [🔋 배터리 관리 모드]를 선택하여 비활성화(🔋) 시킵니다.

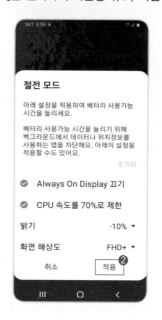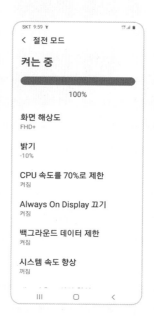

혼자해보기

1. 스마트폰의 홈 화면을 추가해 보세요.

홈 화면을 2초 이상 길게 누른 후 홈 화면을 추가한 다음 독 위에 표시되는 홈 위치의 점 개수로 홈 화면의 개수를 확인합니다.

2. 연락처 앱 아이콘을 홈 화면에 추가하고 삭제해 보세요.

앱스 화면에서 [🔲 연락처] 아이콘을 2초 이상 길게 누른 다음 [🏠 홈 화면에 추가]를 선택합니다.
홈 화면에 등록된 연락처 앱 아이콘을 2초 이상 누른 다음 [🗑 홈 화면에서 삭제]를 터치합니다.

3. 상태 표시줄의 빠른 설정 메뉴를 이용하여 스마트폰의 전화벨을 진동으로 바꿔 보세요.

힌트

상태 표시줄을 화면 아래로 드래그한 다음 [🔊 소리]를 터치합니다.

4. 앱스 화면에 연락 폴더를 만들어 전화, 메시지, 연락처 앱을 관리해 보세요.

힌트

앱스 화면에서 [👤 연락처] 아이콘을 [📞 전화] 아이콘과 겹치면 폴더가 만들어집니다.

Part 02

스마트폰
기본 앱
사용하기

스마트폰에는 계산기, 시계, 캘린터, DMB 등의 앱이 설치되어 있습니다. 간단한 계산을 하거나, 중요일 일정을 알려주는 알람, 캘린더, 음성 녹음 앱을 활용하는 방법에 대해 알아봅니다.

미리보기

학습내용

■ 계산기 앱을 이용하여 간단한 계산을 할 수 있습니다.

■ 알람을 설정하는 방법에 대해 알 수 있습니다.

■ 음성 녹음 앱으로 중요한 일을 녹음할 수 있습니다.

① 앱스 화면에서 [Samsung] 폴더를 터치한 다음 [⊞ 계산기]를 터치합니다.

> **Tip**
> 스마트폰 홈 화면을 위로 드래그하면 앱 화면이 열립니다.

② 계산기 앱이 실행되면 **숫자와 연산 기호를 계산 순서대로 터치**하여 입력한 다음 **'='을 터치**하면 계산이 완료됩니다.

> **Tip**
> [c]를 터치하면 계산 내용이 지워지며, [⌨ 단위 계산]을 선택하면 면적, 길이, 온도, 부피, 무게 등에 대한 단위를 계산할 수 있습니다.

07 알람 설정하기

① 앱스 화면에서 [⏰ 시계]를 터치한 다음 [알람]을 선택하고, [➕ 알람 추가]를 터치합니다.

② 알람 시간을 '오전 7:10'로, 요일 반복을 '월'부터 '금'까지 터치하고 알람 이름을 "모닝콜"로 입력한 후, [저장]을 터치합니다. 다음과 같이 알람이 저장된 것을 확인할 수 있습니다.

Tip
알람의 시간 부분을 터치하면 원하는 시간을 입력하여 설정할 수 있습니다.

③ 저장된 알람을 삭제하려면 알람 화면에서 ⋮ (더보기)를 터치한 다음 [삭제]를 터치합니다.

Tip
알람의 ◖◗(활성화)를 터치하여 비활성화 시키면 알람을 끌 수 있습니다.

Tip
[공휴일엔 알람 끄기]를 활성화 시키면 공휴일에는 알람이 울리지 않습니다.

④ 알람 화면에서 삭제할 알람을 선택한 다음 [🗑 삭제]를 터치하면 선택한 알람이 삭제됩니다.

⑤ 세계시각을 알아보기 위해 **[세계시각]을 선택한** 다음 **[＋]를 터치합니다.** 도시 추가 화면에서 **"멕시코"를 입력한** 다음 **'멕시코 시티/멕시코'를 선택합니다.**

⑥ 선택한 멕시코 시티의 현재 시간이 표시되면 **[추가]를 터치합니다.** [세계시각] 목록에 멕시코 시티의 시간이 표시됩니다.

일정 등록하고 삭제하기

① 앱스 화면에서 [🅰캘린더]를 터치합니다. 화면을 왼쪽 또는 오른쪽으로 드래그하여 일정을 입력할 월로 이동하여 **날짜를 선택한** 다음 ➕**(일정 추가)를 터치합니다.**

> **Tip**
> 일정을 등록할 날짜를 두 번 터치하여 일정을 추가할 수 있습니다.

② **일정 제목을 입력하고** 날짜를 음력으로 변경하기 위해 **[시작] 날짜를 터치합니다.** 시작 날짜 화면에서 **[양력/음력]을 터치하면** 시작 날짜가 음력으로 변경됩니다.

③ 다음과 같이 선택한 날짜의 음력 날짜가 표시됩니다. 일정 알람을 설정하기 위해 **화면을 위로 드래그한** 다음 [♧ **10분전**]을 터치합니다.

④ [알림] 화면에서 **'1일 전'을 터치하고**, 알림 방식은 **'알림'을 선택한** 다음 [저장]을 터치합니다. 일정을 매년 반복시키기 위해 [♧ **반복 안 함**]을 터치합니다.

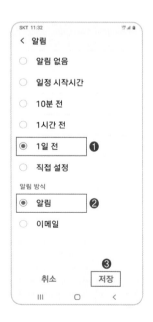

Tip
알림의 시간 부분을 터치하여 원하는 시간을 입력하여 설정할 수 있습니다.

⑤ [반복] 화면에서 **'매년'을 터치한 다음 [저장]을 터치합니다.** 다음과 같이 음력 날짜의 일정을 수정하면 일괄 수정된다는 공지사항 화면이 나타나면 **[확인]을 터치합니다.**

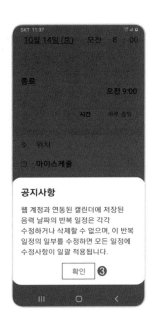

⑥ 일정을 모두 설정하였으면 **[저장]을 터치합니다.** 기념일을 알리는 이모티콘을 표시하기 위해 캘린더에 **기록된 일정을 터치합니다.**

Tip
캘린더에서 🔖(구독 캘린더)를 터치하면 캘린더에 24절기를 표시하거나 숨길 수 있습니다.

⑦ 일정 화면에서 ☺(이모티콘)을 **터치한** 다음 이모티콘 창에서 **원하는 모양을 선택**하고 스마트폰의 ‹ **(뒤로)를 터치합니다.**

⑧ 다음과 같이 일정에 이모티콘이 표시됩니다. 일정을 삭제하려면 **등록된 일정**을 선택합니다. 선택한 날짜에 일정 목록이 나타나면 **삭제할 일정을 선택**합니다.

⑨ 선택한 일정의 세부 내용 화면에서 **[삭제]를 터치합니다.** 일정 삭제 확인 메시지 창에서
[연관된 모든 일정]을 터치합니다.

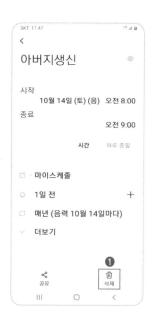 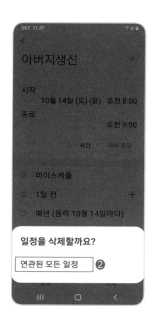

⑩ 삭제된 기념일에 아직 남아있는 이모티콘을 삭제하려면 **화면에 표시된 이모티콘을 터치**합니다.
이모티콘 창에서 **– 를 터치**한 다음 스마트폰의 **〈(뒤로)를 터치합니다.**

① 앱스 화면에서 [Samsung] 폴더를 터치한 다음 [음성 녹음]을 터치합니다.

Tip
음성 녹음을 처음 실행하면 오디오 녹음 허용 유무, 기기 사진, 미디어, 파일 액세스 메시지 창이 나타납니다. 이 메시지 창에서 [허용]을 선택합니다.

② [음성 녹음] 화면에서 ●(녹음)을 터치하여 녹음을 진행합니다. 녹음을 마치려면 ▪(중지)를 터치합니다.

Tip
녹음을 시작한 후 일시 중지하려면 [▮▮ 일시 중지]를 터치합니다.

③ 녹음 파일의 이름을 **"회의내용"으로 입력하고 [저장]을 터치합니다.** 음성 녹음 목록 화면에서 **재생할 음성 녹음을 선택하면** 녹음된 내용을 들을 수 있습니다.

④ 재생된 녹음 파일을 삭제하기 위해 ⋮ **(더보기)를 터치한** 다음 **[삭제]를 터치합니다.** 녹음 파일 삭제 확인 메시지 창에서 **[삭제]를 터치합니다.**

① 돋보기 위젯을 홈 화면에 표시하기 위해 **홈 화면 빈 공간을 2초 이상 길게 누릅니다.** 홈 화면 편집 상태로 변경되면 [🔲 **위젯**]을 **터치합니다.**

Tip

위젯(Widget)
컴퓨터나 휴대폰 등에서 인터넷을 이용하지 않고 날씨, 달력, 계산기, 뉴스 등을 바로 이용할 수 있도록 만든 미니 응용프로그램을 말합니다.

② 위젯 화면을 왼쪽으로 이동시킨 다음 [🔍 **돋보기**] 위젯 아이콘을 **홈 화면이 표시될 때까지 길게 누릅니다.** 홈 화면으로 변경되면 돋보기 위젯 아이콘을 홈 화면 빈 공간에 놓습니다.

Tip

선택한 위젯 아이콘이 홈 화면에 등록되기 전까지 아이콘에서 손을 떼면 안 됩니다.

③ 홈 화면에서 [🔍 돋보기]를 **터치합니다**. 돋보기 화면에서 슬라이드를 오른쪽으로 드래그하면 물체나 글씨가 크게 보이고, 왼쪽으로 드래그하면 작게 보입니다. **< (뒤로)를 터치합니다**.

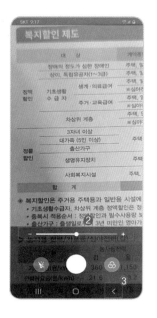

Tip

스마트폰의 < (뒤로)가 안보이는 경우 스마트폰 맨 아래부분을 위로 드래그합니다.

④ 이번에는 시간과 날씨 정보를 알려주는 위젯을 홈 화면에 표시하기 위해 **홈 화면 빈 곳을 2초 이상 길게 누른 다음 [⊞ 위젯]을 터치합니다**.

⑤ 위젯 화면에서 **날씨 위젯을 터치한** 다음 날씨 위젯 목록에서 날씨 및 시계 위젯을 **홈 화면이 표시될 때까지 길게 누릅니다.**

⑥ 홈 화면으로 변경되면 원하는 위치에 날씨 및 시계 위젯을 위치시킵니다. 지역 선택 화면에서 다른 지역이나 **즐겨 찾는 지역을 터치합니다.**

⑦ 위젯 설정 화면에서 **원하는 배경 색상을 선택**하고 〈 **(뒤로)를 터치합니다**. 홈 화면에 날씨 위젯이 표시되면 **화면 빈 곳을 터치합니다**.

⑧ 이번에는 돋보기 위젯을 삭제하기 위해 **돋보기 위젯 아이콘을 2초 이상 누른** 다음 [🗑 **홈 화면에서 삭제]를 터치하면** 위젯이 홈 화면에서 삭제됩니다.

1. 계산기 앱을 이용하여 다음 물건 값을 계산해보세요.

구매물품	단가	개수
사과	1,200	3개
배	2,000	4개

힌트

앱스 화면에서 [Samsung] 폴더를 터치하여 [계산기]를 터치합니다.

2. 시계 앱을 이용하여 월요일부터 일요일, 오후 8시에 알람이 울리도록 설정해 보세요.

힌트

앱스 화면에서 [시계]를 터치한 다음 [알람 추가]를 터치합니다.

3. 홈 화면에 구글 위젯을 등록해보세요.

힌트

홈 화면을 2초 이상 길게 누른 다음
[🔲 위젯]을 터치합니다.

4. 두 번째 홈 화면에 캘린더 위젯을 표시하고 가족 생일을 등록해보세요.

힌트

위젯에서 [캘린더]를 터치한 다음 [월
5×5]를 길게 눌러 홈 화면에 등록합
니다.

Part 03

스마트폰 환경 설정하기

스마트폰의 사용 환경을 설정하면 홈 화면의 배경을 사진으로 바꿀 수 있으며, 글자 크기와 화면의 밝기도 조절할 수 있습니다. 또한 와이파이 연결 상태를 확인하거나, 공공장소에서 와이파이를 연결해 인터넷을 사용할 수도 있습니다.

미리보기

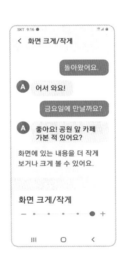 

학습내용

- ■ 스마트폰의 밝기나 글자 크기를 설정할 수 있습니다.
- ■ 와이파이 연결 상태를 확인하거나 설정할 수 있습니다.
- ■ 홈 화면의 배경을 변경할 수 있습니다.

11 디스플레이 설정하기

① 화면의 밝기와 글자 크기를 설정하기 위해 앱스 화면에서 **[⚙️ 설정]을 터치합니다.** [설정] 화면에서 **[🔅 디스플레이]를 터치합니다.**

Tip

상태 표시줄을 아래로 드래 그하여 ⚙️(설정)을 터치해도 됩니다.

② [디스플레이] 화면에서 밝기 슬라이드로 **화면 밝기를 조절하고, [글자 크기와 스타일]을** 터치합니다. 글자 크기 슬라이드로 **글자 크기를 조절하고 [글자 크기와 스타일]을 터치합니다.**

Tip

밝기 슬라이드를 오른쪽으 로 드래그하면 화면이 밝아 집니다.
글자 크기 슬라이드를 오른쪽 으로 드래그하면 화면에 보이 는 글자 크기가 커집니다.

③ 이번에는 화면 크기를 확대하기 위해 **[화면 크게/작게]**를 터치합니다. 화면 크게/작게 슬라이드를 이용하여 **화면을 크게** 한 다음 **[< 화면 크게/작게]**를 터치합니다.

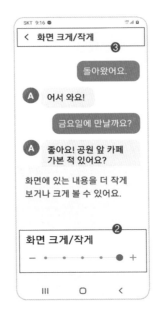

④ 일정 시간이 지나면 화면이 자동으로 꺼지게 하기 위해 [디스플레이] 화면을 위로 드래그하여 **[화면 자동 꺼짐 시간]을 터치합니다.** [화면 자동 꺼짐 시간]에서 **'30초'를 선택합니다.**

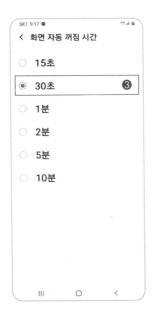

12 와이파이 설정하기

① 앱스 화면에서 [⚙설정]을 터치한 다음 [설정] 화면에서 [🛜연결]을 터치합니다.

② [연결] 화면에서 [Wi-Fi]를 터치한 다음 [Wi-Fi] 화면에서 '사용 안함'을 선택하여 와이파이를
활성화 시킵니다.

③ 와이파이 네트워크 목록에서 **사용할 와이파이를 선택합니다.** 선택한 와이파이가 네트워크 보안이 설정되어 있으면 **비밀번호를 입력하고 [연결]을 터치합니다.**

> **Tip**
> 사용할 와이파이의 비밀번호가 설정되어 있지 않은 경우 바로 와이파이가 연결됩니다.

④ 와이파이가 연결되면 **[< Wi-Fi]를 터치합니다.** 와이파이 연결이 끊어지면 자동으로 모바일 데이터로 연결되는 것을 방지하기 위해 연결 화면에서 **[데이터 사용]을 터치합니다.**

> **Tip**
> 와이파이가 정상적으로 연결되면 상태 표시줄에 와이파이(📶) 아이콘이 표시됩니다.

⑤ [데이터 사용] 화면에서 **[모바일 데이터]를 터치한** 다음 모바일 데이터 접속 차단 메시지 창에서 **[끄기]를 선택합니다.**

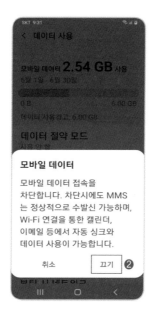

Tip

모바일 데이터

모바일 데이터(3G, LTE)는 사용하는 데이터 용량만큼 요금이 부과됩니다. 와이파이가 연결이 안 되면 자동으로 모바일 네트워크로 연결되거나, 사용자가 인터넷을 하지 않아도 앱이 자동으로 업데이트 되면서 데이터를 사용하게 되어 데이터 요금이 청구될 수 있습니다.

Power Up

모바일 데이터 사용량 확인하기

[데이터 사용] 화면에서 [모바일 데이터 사용량]을 터치하면 현재 모바일 데이터 사용량을 확인할 수 있습니다.

① 앱스 화면에서 [⚙️ 설정]을 터치합니다. [설정] 화면에서 [🖼️ 배경화면]을 터치합니다.

Tip

홈 화면 빈곳을 2초 이상 누른 다음 [배경화면]을 선택해도 스마트폰의 배경화면을 변경할 수 있습니다.

② [배경화면]에서 [✳️ 갤러리]를 선택합니다. [갤러리] 화면의 [사진] 탭을 터치한 다음 배경으로 설정할 사진을 선택한 후 [완료]를 터치합니다.

③ [배경화면으로 설정] 창에서 **[홈 화면]을 선택한** 다음 **[홈 화면에 설정]을 터치합니다.**

④ ■**(홈) 버튼을 누르면** 홈 화면의 배경 사진이 바뀐 것을 확인할 수 있습니다.

벨소리와 알람 소리 설정하기

① 벨소리를 변경하기 위해 앱스 화면에서 [⚙ 설정]을 터치합니다. [설정] 화면에서 [◀ 소리 및 진동]을 터치합니다.

② [소리 및 진동] 화면에서 [벨소리]를 터치합니다. [벨소리] 목록에서 **벨소리를 선택하면** 벨소리가 재생됩니다. **원하는 벨을 선택하고** [< 벨소리]를 터치하여 이전 화면으로 이동합니다.

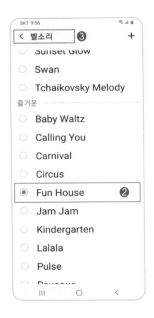

Tip
[전화벨이 울릴 때 진동도 울림]을 선택하여 활성화 시키면 전화가 왔을 때 전화벨과 진동이 동시에 울립니다.

③ 알림 소리를 설정하기 위해 [소리 및 진동] 화면에서 **[알림 소리]를 터치합니다.** 알림 소리 목록에서 **원하는 알람 소리를 선택하고 [< 알림 소리]를 터치하여** 이전 화면으로 이동합니다.

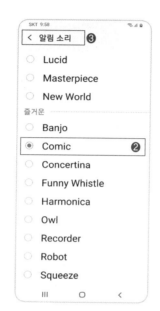

Tip

알림 소리는 문자나 부재중 전화가 왔을 때 알려주는 소리입니다.

Power Up

MP3 음악으로 전화벨 설정하기

벨소리 화면에서 +(추가)를 터치한 다음 스마트폰에 저장되어 있는 mp3 음악을 선택합니다.

1. 스마트폰에 저장되어 있는 사진을 이용하여 배경 화면을 바꿔보세요.

힌트

[⚙ 설정] – [디스플레이] – [배경화면 및 테마]를 터치합니다.

2. 스마트폰 글자 크기와 화면 크기를 최대한 크게 보이도록 설정해보세요.

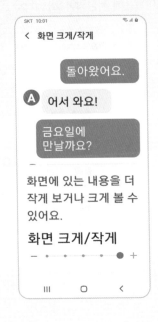

힌트

[⚙ 설정] – [디스플레이] – [글자 크기와 스타일]을 터치합니다.

3. 벨소리를 'Jam Jam'으로 알림 소리는 'Harmonica'로 변경해보세요.

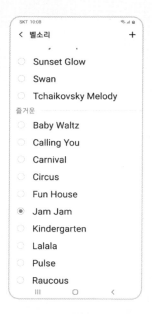

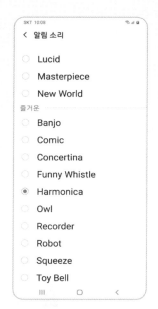

힌트

[⚙ 설정] – [소리 및 진동] – [벨소리]/[알림 소리]를 터치합니다.

4. 스마트폰을 '15초' 동안 사용하지 않으면 화면이 자동으로 꺼지게 설정해보세요.

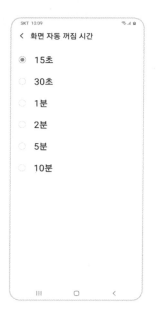

힌트

[⚙ 설정] – [디스플레이] – [화면 자동 꺼짐 시간]을 터치합니다.

Part 04

전화와
문자
메시지

스마트폰으로 전화를 거는 방법과 자주 통화하는 번호를 단축번호로 설정해보고, 사진이나 연락처를 첨부하여 문자 메시지를 보내는 방법에 대해 알아보겠습니다.

미리보기

학습내용

- 스마트폰으로 전화를 걸고 받을 수 있습니다.
- 문자 메시지에 사진이나 연락처를 첨부할 수 있습니다.
- 자주 통화하는 번호를 단축번호로 설정하는 방법에 대해 알 수 있습니다.
- 연락처를 저장하고, 삭제하는 방법에 대해 알 수 있습니다.

① 전화를 걸기 위해 홈 화면에서 █(전화)를 **터치합니다.** 전화번호를 입력할 수 있는 키패드에서 **전화번호를 터치한** 다음 █(통화)를 **터치합니다.**

Tip
전화 앱을 실행시켰을 때 키 패드가 보이지 않고 최근 통화 기록이 보이면 [키패드]를 터치하면 됩니다.

② '전화를 거는 중' 메시지가 나타나면 잠시 기다립니다. 상대방과 전화 연결이 되면 통화를 한 후 █(통화 종료)를 **터치합니다.**

③ 휴대폰에 저장되어 있는 연락처로 전화를 걸기 위해 전화 앱에서 **[연락처] 탭을 선택합니다.**
   연락처 화면에서 **연락할 사람의 이름을 오른쪽으로 드래그합니다.**

④ 전화가 오면 📞**(통화)를 오른쪽으로 드래그하여 전화를 받을 수 있습니다. [🔊 스피커]를**
   터치하면 스피커폰으로 통화할 수 있습니다.

> **Tip**
> ✆(통화 종료)를 왼쪽으로 드래그하면 전화 수신이 거부됩니다.

① 문자 메시지를 보내려면 홈 화면에서 💬(메시지)를 **터치한** 다음 메시지 앱에서 💬(메시지 작성)을 **터치합니다.**

> **Tip**
> 홈 화면에 메시지 앱이 없으면 앱스 화면에서 [💬 메시지] 앱을 찾아 터치합니다.

② 메시지 화면에 **전화번호와 보낼 메시지 내용을 입력한** 다음 ➤(보내기)를 **터치합니다.** 메시지에 사진을 첨부하려면 🖼(사진)을 **터치합니다.**

> **Tip**
> 키패드에 [🎤 마이크]를 터치한 다음 보낼 메시지를 음성으로 말하면, 말한 내용이 텍스트로 변환되어 입력됩니다.

③ 갤러리 창에서 **보낼 사진을 선택한** 다음 ◢(보내기)를 **터치하면** 사진이 상대방에게 전송됩니다. 이번에는 받은 메시지를 읽기 위해 홈 화면에서 ▣(메시지)를 **터치합니다.**

Tip
받은 메시지가 있는 경우 ▣(메시지) 아이콘 위에 숫자 가 표시됩니다.

④ 메시지 창에서 **읽을 메시지를 터치하여** 내용을 읽습니다. 메시지를 삭제하려면 ⋮**(더보기)를 터치한** 다음 [**삭제**]를 **터치합니다.** 삭제할 메시지를 선택한 후 [🗑 **삭제**]를 **터치합니다.**

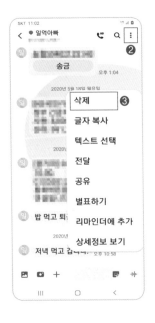

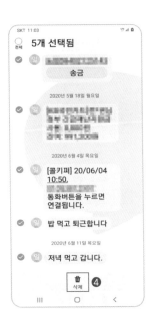

연락처 저장 및 단축번호 설정하기

① 새로운 연락처를 저장하기 위해 앱스 화면에서 [🧑 **연락처]를 터치합니다.** 연락처 화면에서
 ➕**(새 연락처 추가)를 터치합니다.**

② 저장할 **이름과 전화번호를 입력하고 [저장]을 터치합니다.** 저장한 연락처에 단축번호를
 설정하기 위해 ▢ **(홈) 버튼을 터치한** 다음 📞**(전화)를 터치합니다.**

③ **[연락처] 탭을 선택한** 다음 **⋮(더보기)를** 터치하여 **[단축번호]를 선택합니다.**

④ **[단축번호]** 화면에서 **지정할 단축번호를 선택하고, 연락처의 이름이나 전화번호를 입력한** 다음 검색된 **연락처를 터치합니다.** 다음과 같이 단축번호가 등록된 것을 확인할 수 있습니다.

불필요한 메시지 수신 차단하기

대출, 광고, 이벤트와 관련된 불필요한 메시지와 전화번호를 차단할 수 있습니다. 차단할 메시지를 선택한 후 [⋮] – [수신 차단]을 선택한 다음 [수신 차단] 메시지 창에서 '대화 삭제'를 선택하고 [차단]을 터치합니다.

 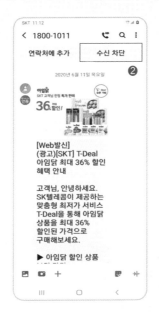 

음성으로 메시지 입력하기

키 패드의 🎤(마이크)를 터치한 다음 메시지 내용을 음성으로 말하면 텍스트로 변환되어 입력됩니다. 텍스트 입력이 일시 중지되면 [말하려면 누르세요]를 터치한 후 계속 말을 하면 됩니다.

18 연락처 삭제하기

① 앱스 화면에서 [🔲 연락처]를 터치합니다. 연락처 화면에서 ⋮(더보기)를 터치한 다음 [삭제]를 선택합니다.

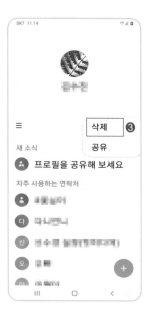

② 삭제할 연락처를 선택한 다음 [🗑 삭제]를 터치하면 연락처를 삭제할 것인지 묻는 창에서 [삭제]를 선택합니다.

전화 거절 메시지 설정하기

① 전화를 받을 수 없을 때 메시지로 보낼 문구를 설정하기 위해 전화 앱을 실행한 다음 :(더보기) – [설정]을 터치합니다. 통화 설정 화면에서 [전화 거절 메시지]를 터치합니다.

② 통화 설정 화면에서 [전화 거절 메시지]를 터치한 다음 거절 메시지 내용을 입력한 후 +(추가)를 터치합니다. 전화가 오면 화면을 위로 올려 메시지를 선택하면 상대방에게 문자가 전송됩니다.

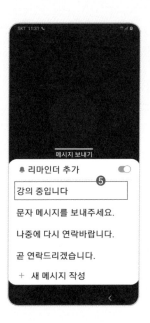

1. 다산콜센터 전화번호 '120'을 연락처에 저장하고 삭제해보세요.

힌트

연락처 앱에서 [● 새 연락처 추가]를 터치합니다.

2. 사진과 이모티콘을 추가하여 가족에게 문자를 보내보세요.

힌트

메시지 앱에서 [ᐥ 파일 추가]를 터치한 다음 [▣ 이미지]를 선택합니다.

3. 지인의 연락처를 스마트폰에 저장하고 단축번호 100번으로 설정해보세요.

힌트

전화 앱의 [연락처] 탭에서 **⋮**(더보기)를 터치하여 [단축번호]를 선택합니다.

4. 받은 메시지에서 필요 없는 메시지를 삭제해보세요.

힌트

메시지 앱을 실행한 다음 삭제할 메시지를 2초 이상 길게 누른 다음 [삭제]를 터치합니다.

Part 05

카메라 앱 활용하기

SNS와 유튜브 사용자가 늘어나면서 사진이나 동영상을 인터넷에 올리는 비중이 점차 확대되고 있습니다. 스마트폰의 카메라 앱 촬영 환경을 설정하여 좋은 구도의 사진을 찍는 방법과 동영상 촬영 방법을 알아보겠습니다.

미리보기

카메라 플래시 ●
타이머
● 사진 크기
● 모션포토

카메라 설정 ●
● 필터

● 광학 줌

미리보기 썸네일 ●
● 전면/후면 카메라 전환

사진 촬영 버튼

학습내용

■ 카메라 환경을 설정할 수 있습니다.

■ 사진과 동영상 촬영 방법에 대해 알 수 있습니다.

■ 갤러리의 사진을 공유하고, 필요 없는 사진을 삭제하는 방법에 대해 알 수 있습니다.

19 카메라 환경 설정하기

① 홈 화면에서 [📷 **카메라**]**를 터치하여** 카메라 앱을 실행한 다음 ⬜(**촬영**)**을 터치하면** 9:16 비율로 사진이 찍힙니다. 사진 크기를 바꾸기 위해 📷(**사진 크기**)**를 터치합니다.**

> **Tip**
> 카메라 화면에 📷(사진 크기)가 없는 경우 ⚙(설정)을 터치하여 [카메라 설정]에서 [사진 크기]를 터치하여 변경할 수 있습니다.

② 사진 크기에서 📷**를 선택한** 다음 ⬜(**촬영**)**을 터치하면** 3:4 크기로 사진이 촬영됩니다. 이번에는 수평 또는 수직을 맞춰 촬영하기 위해 [⚙ **설정**]**을 터치합니다.**

> **Tip**
> 인터넷 또는 출력용에 따라 사진 크기를 선택하면 됩니다. 인쇄용은 4:3, 인터넷용은 16:9를 많이 사용합니다.

③ [카메라 설정] 화면에서 **수직/수평 안내선을 터치하여 활성화**한 다음 ⟨ **(뒤로)를 터치합니다.**
카메라 화면에 수평/수직 안내선이 표시됩니다.

④ 높은 빌딩이나 도로 등을 찍을 때는 수직 안내선에, 노을이나 해변을 찍을 때는 수평 안내선에
피사체를 맞추면 멋진 구도의 사진을 찍을 수 있습니다.

수직구도

수평구도

20 사진 찍고, 동영상 촬영하기

① 촬영할 피사체를 화면에 맞추고 ◯**(촬영)을 터치합니다. 미리보기 썸네일**을 터치하면 촬영된 사진을 확인할 수 있습니다. 〈**(뒤로)를 터치합니다.**

② ◉**(카메라 전환)을 선택하여** 셀프 샷 모드로 전환한 다음 피사체를 맞추고 ◯**(촬영)을 터치하거나** 스마트폰 음량 줄이는 버튼을 누릅니다. **미리보기 썸네일을 터치하여** 촬영한 사진을 확인합니다.

③ 촬영한 사진을 지우려면 **🗑️(삭제)를 터치하고** 이미지 삭제 유무를 묻는 창에서 **[휴지통으로 이동]을 터치합니다.** 사진을 다시 촬영하려면 < **(뒤로)를 터치합니다.**

④ 손바닥 내밀기로 사진을 찍기 위해 **손바닥을 화면에 맞춘** 다음 노란 상자가 손바닥을 인식하면 손을 내리고 포즈를 취합니다. 손바닥을 인식한 후 3초 뒤 사진이 찍힙니다.

Tip
손바닥 내밀기 촬영이 안 되면 카메라 앱에서 [⚙️ 설정]을 터치하여 [촬영 방법]에서 설정할 수 있습니다.

⑤ 동영상을 촬영하려면 카메라 화면에서 ⊙(동영상 촬영)을 터치합니다. 촬영을 끝내려면 ■ (정지)를 터치합니다.

Tip
더보기 메뉴는 기종에 따라 카메라 화면을 오른쪽으로 드래그하면 나타납니다.

Power Up

파노라마 사진 촬영하기

스마트폰의 촬영 화면을 오른쪽으로 드래그한 다음 촬영 옵션에서 ▤(파노라마)를 선택합니다. ◯(촬영)을 터치한 다음 스마트폰을 왼쪽 또는 오른쪽으로 움직인 후 ■(정지)를 터치합니다.

21 사진 공유하고 갤러리 관리하기

① 앱스 화면에서 [❄ 갤러리]를 터치합니다. 갤러리 화면에서 원하는 사진을 선택하면 사진이 크게 확대됩니다. 다른 사진을 보기 위해 스마트폰의 ‹(뒤로)를 터치합니다.

② 사진을 메시지로 보내려면 **원하는 사진을 2초 이상 길게 누릅니다.** 갤러리 편집 상태에서 보낼 사진을 선택한 후 [⚌ 공유]를 선택합니다. 공유 창에서 [💬 메시지]를 선택합니다.

③ 사진을 **받을 사람의 연락처를 선택한** 다음 [완료]를 터치합니다. 메시지 내용을 입력한 후 [ 보내기]를 터치합니다.

④ ‹**(뒤로)를 터치합니다.** 갤러리에서 사진을 삭제하기 위해 **삭제할 사진을 2초 이상 길게 누른** 다음 [🗑 **삭제**]를 터치합니다.

⑤ 삭제 유무를 묻는 메시지 창에서 **[휴지통으로 이동]을 선택합니다.** 잘못 삭제한 사진을 복원하려면 **:(더보기)를 터치한** 다음 **[휴지통]을 선택합니다.**

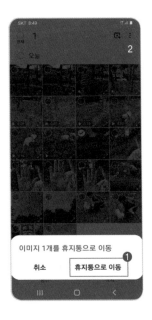

⑥ 휴지통 화면에서 **복원할 사진을 2초 이상 길게 눌러** 선택한 다음 ↺**(복원)을 터치합니다.** ‹**(뒤로)를 터치해보면** 삭제됐던 사진이 복원된 것을 확인할 수 있습니다.

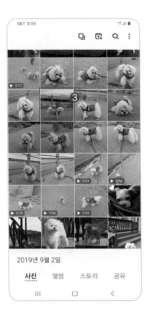

Power Up

연속 촬영하기

① 카메라를 실행시킨 후 피사체를 맞춘 다음 [◻ 촬영]을 아래로 드래그합니다. 미리보기 썸네일을 터치하면 연속 촬영된 사진의 장수가 표시됩니다. 사진을 저장하기 위해 🄵(사진 선택)을 터치합니다.

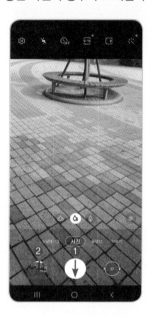 

Tip

스마트폰 기종에 따라 ◻(촬영)을 2초 이상 눌러야 연속 촬영됩니다.

② 사진을 왼쪽 또는 오른쪽으로 드래그한 다음 잘 나온 사진을 선택한 후 ⬇(이미지 저장)을 선택합니다. 선택한 사진을 저장할 것인지 묻는 창에서 '선택 안 한 사진 모두 삭제'를 선택한 다음 [저장]을 터치합니다.

1. 카메라 앱으로 사진을 찍어 미리보기 해보세요.

2. '스마일'이라고 말하면 사진이 찍히도록 설정하고 셀프 샷을 찍어보세요.

3. 갤러리에 저장되어 있는 사진을 지인에게 문자로 보내보세요.

힌트

메시지로 보낼 사진을 선택한 후 [공유] – [📧 메시지]를 선택합니다.

4. 갤러리에서 필요 없는 사진을 삭제해보세요.

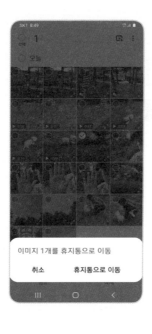

힌트

갤러리에서 삭제할 이미지를 선택한 후 [삭제]를 선택합니다.

Part 06

정보
검색과
길 찾기

Play 스토어 앱을 이용하여 네이버 앱을 설치해보고, 정보를 검색하는 방법과 네이버 지도와 대중교통 앱을 이용하여 모르는 길을 찾아가는 방법에 대해 알아보겠습니다.

미리보기

학습내용

- 네이버 앱을 내려받아 설치할 수 있습니다.
- 네이버 앱을 이용하여 필요한 정보를 검색하고 공유하는 방법에 대해 알 수 있습니다.
- 네이버 지도 앱을 이용하여 모르는 길을 찾아가는 방법에 대해 알아봅니다.
- 대중교통 앱을 이용하여 목적지까지 가는 방법에 대해 알아봅니다.

① 홈 화면에서 [▶ Play 스토어]를 터치합니다. Play 스토어 검색란에 **"네이버"를 입력**하면 네이버와 관련된 앱 목록이 나타납니다. **'네이버'를 선택**합니다.

> **Tip**
> 홈 화면에 [▶ Play 스토어]
> 앱이 없으면 앱스 화면에서
> Play 스토어 앱을 실행합니다.

② '네이버' 설치 화면에서 **[설치]를 터치합니다.** 네이버 앱이 다운로드 되고 설치가 끝나면 **[열기]를 터치합니다.**

> **Tip**
> 앱 설치 화면에서 [열기]가
> 표시되면 앱이 스마트폰에
> 이미 설치되어 있는 경우입
> 니다. 이때 [열기]를 터치하
> 면 해당 앱이 실행됩니다.

③ 네이버 사용 설명 화면에서 **[건너뛰기]를 터치하고** 로그인 화면이 나타나면 **[나중에 할게요]**를 **터치합니다.**

Tip

네이버 계정이 있다면 [네이버 로그인]을 터치하여 아이디와 비밀번호를 입력합니다. 메일 보내기 등 더 많은 네이버 기능을 사용할 수 있습니다.

④ 네이버 앱이 실행되면 **[네이버 시작하기]를 터치한** 다음 기기 위치 액세스 허용 안내 화면에서 **[항상 허용]**을 **터치합니다.**

⑤ 네이버 팁 설명 창에서 ✕(닫기)를 터치하면 네이버 시작 화면이 나타납니다. '맛집'을 검색하기 위해 네이버 검색란을 터치합니다.

⑥ 검색란에 "맛집"을 입력하고 [🔍 검색]을 터치합니다. 현재 위치 주변의 맛집 정보가 검색되면 원하는 맛집을 선택합니다.

⑦ 검색한 맛집 정보를 지인에게 문자로 보내려면 [↪ **공유**]**를 터치하여** 페이지 공유 화면에서
[💬 **메시지**]**를 선택합니다.**

⑧ 연락처에서 **맛집 정보를 받을 상대방을 선택합니다.** 메시지 화면에 입력되어 있는 정보를
확인한 후 🛩(**보내기**)**를 터치합니다.**

23 네이버 지도로 길 찾기

① Play 스토어 앱을 실행한 다음 검색란에 **"네이버지도"**를 입력합니다. [설치]를 터치하고, 설치가 완료되면 [열기]를 터치합니다.

② 네이버 지도가 실행되면 **화면 위쪽의 >(다음)을 터치하여** 화면을 넘기면서 앱 사용법을 확인합니다. 네이버 지도 사용법을 모두 확인한 후 **[시작하기]를 터치합니다.**

③ 네이버 지도 기기 위치정보 액세스 창에서 **[항상 허용]을 선택합니다.** 네이버 지도 검색란에 목적지를 **"경복궁"으로 입력한** 다음 추천 목적지 목록에서 **'경복궁'을 선택합니다.**

④ 선택한 목적지의 위치와 정보 화면이 나타나면 **[도착]을 터치합니다.** 현재 위치 정보가 자동으로 출발지로 설정되면서 목적지까지 대중교통으로 가는 방법에 대한 목록이 표시됩니다.

⑤ 목적지까지 자동차로 가는 방법을 알아보려면 🚗(자동차)를 선택한 다음 [🚗 안내 시작]을 터치합니다. 이용 약관 동의 화면에서 다음과 같이 선택한 후 [동의]를 터치합니다.

⑥ 내비게이션이 실행됩니다. 경로 안내를 종료하려면 [<]를 터치한 다음 [안내종료]를 터치합니다. 내비게이션을 종료하려면 <(뒤로)를 두 번 터치합니다.

> **Tip**
> 스마트폰에 GPS(📍)가 비활성화되어 있으면 위치 기능사용 메시지 창이 나타납니다.

Power Up

네이버 앱이나 네이버 지도에서 찾고자 하는 검색어 또는 목적지를 음성으로 검색할 수 있습니다.

① 네이버 앱에서 검색란을 터치한 다음 [🎤 마이크]를 터치합니다. 오디오 녹음 허용 유무를 묻는 창이 나타나면 [허용]을 터치합니다.

② 음성 입력 화면이 나타나면 "오늘 날씨 알려줘"라고 말합니다. 네이버가 오늘 날씨를 음성으로 읽어 줍니다.

① 네이버 지도 앱을 실행합니다. ≡**(메뉴)를 터치한** 다음 네이버 지도 메뉴에서 **[지하철노선도]를 선택합니다.**

② 지하철역 검색을 터치한 다음 **"종각"을 입력한** 다음 검색된 **'종각역'을 선택**합니다.

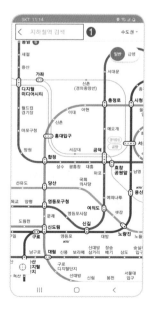

③ 선택한 역을 출발지로 설정하기 위해 **'출발'을 선택합니다.** 도착지를 선택하기 위해 **입력란을 터치합니다.**

④ 도착지를 **"혜화역"으로 입력하고** 검색된 역 중 **첫 번째 역을 선택합니다.** 출발역부터 도착역까지 소요되는 시간과 요금, 환승 횟수에 대한 정보가 표시됩니다.

Tip
검색 화면을 위로 올리면 빠른 환승과 내리는 문에 대한 상세 정보도 알 수 있습니다.

25 T 대중교통으로 하차 알림받기

① Play 스토어 앱을 실행한 다음 '티대중교통'을 검색하여 'T map 대중교통' 앱의 [설치]를 터치합니다. 티 대중교통 앱 설치가 완료되면 [열기]를 터치합니다.

> **Tip**
> 키패드에서 [한/영]을 터치 하면 영어를 입력할 수 있습니다. 영어 키패드에서 ⇧를 터치하면 대문자를 입력할 수 있습니다.

② 접근 권한 승인 안내 화면이 나타나면 [확인]을 터치하고, T map 대중교통에서 전화를 걸고 관리하도록 묻는 창에서 [허용]을 터치합니다.

③ 내 기기 위치에 액세스 허용 유무 창에서 **[앱 사용 중에만 허용]을 터치합니다.** 기기의 사진 미디어 파일 액세스 허용 유무 창에서 **[허용]을 터치합니다.**

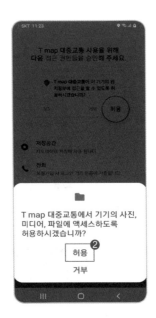

④ T 대중교통이 실행되면 **[건너뛰기]를 터치합니다.** 서비스 약관 동의 창에서 정보 및 광고 안내를 제외한 모든 항목에 체크를 한 후 **[동의]를 터치합니다.**

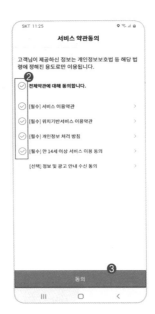

⑤ T 대중교통 사용 설명서에서 **[건너뛰기]를 터치한** 다음 길찾기 화면에서 **[목적지]를 터치합니다.**

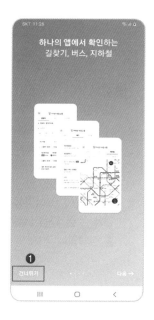

⑥ 목적지에 **"삼성의료원"을 입력하고** 추천 목적지에서 **첫 번째 장소를 선택합니다.** 선택한 장소의 검색 목록이 나타나면 **'강북삼성병원 본관'을 선택합니다.**

⑦ **첫 번째 방법을 선택한** 다음 세부 정보가 나타나면 **[하차]를 터치합니다.** 목적지 근처에 도착하면 핸드폰 진동과 음성으로 하차 알림을 알려줍니다.

Tip

설치한 앱 삭제하기

사용하지 않는 앱을 삭제하면 스마트폰의 속도가 빨라지고 저장 공간을 확보할 수 있습니다. 앱스 화면에서 삭제할 앱의 아이콘을 2초간 길게 누른 다음 [설치 삭제]를 선택합니다.

Power Up

검색 기록 삭제하기

T map 길찾기 화면에서 [검색 기록 삭제]를 터치한 다음 삭제할 검색 기록을 선택한 후 [확인]을 터치합니다.

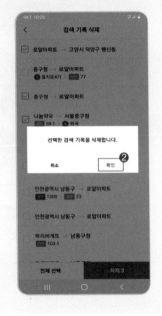

집 주소 등록 및 삭제하기

① T map 대중교통 화면에서 ⓐ(등록)을 터치한 다음 장소 또는 주소 검색란을 터치하여 집 주소를 입력하고 검색을
터치합니다.

② 입력한 주소가 나타나면 [선택]을 터치합니다. T map 대중교통의 길찾기에서 ⓐ(홈)을 터치하면 현재 위치가 어디든
집 주소가 목적지로 입력됩니다.

1. 네이버 앱을 이용하여 '창경궁'의 관람 시간과 관람 요금, 휴궁일에 대해 알아보세요.

힌트

네이버 앱을 실행한 다음 검색어를 '창경궁'으로 입력하고 'http://cgg.cha.go.kr'을 선택합니다.

2. 네이버 지도를 이용하여 현재 위치에서 '창경궁'까지 대중교통으로 가는 방법을 찾아 보세요.

힌트

네이버 지도 앱에서 목적지를 '창경궁'으로 입력합니다.

3. 네이버 지도의 지하철 노선도를 이용하여 '2호선 강남역'에서 '5호선 김포공항역'까지
최소 환승으로 가는 방법, 소요 시간, 요금, 환승역에 대한 정보를 찾아보세요.

힌트

검색 화면을 위로 올리면 목적지까지
의 환승역과 내리는 문에 대한 자세
한 정보를 알 수 있습니다.

4. T map 대중교통 앱을 이용하여 현재 위치에서 서울대공원까지 대중교통으로 가는
방법과 소요 시간을 알아보고, 하차 알림을 설정해 보세요.

힌트

T map 대중교통 앱에서 '서울대공원'
을 검색합니다.

Part 07

메신저의
최강자
카카오톡

카카오톡은 인터넷에서 실시간으로 메시지와 데이터를 주고받을 수 있는 프로그램으로, 문자 채팅 뿐만 아니라 전화, 영상통화도 가능합니다.

미리보기

학습내용

- 카카오톡 앱을 설치하고 인증하는 방법을 알 수 있습니다.
- 스마트폰에 저장되어 있는 연락처로 친구 등록을 할 수 있습니다.
- 친구와 실시간으로 보이스 톡이나 페이스 톡을 할 수 있습니다.

26 카카오톡 설치하고 가입하기

① Play 스토어 앱을 실행하여 **"카카오톡"을 검색한** 후 검색된 앱 목록에서 '카카오톡 Kakao Talk'의 **[설치]를 터치합니다.** 카카오톡이 설치되면 **[열기]를 터치합니다.**

② 카카오톡 이용 안내 화면에서 **[허용하기]를 터치합니다.** 카카오톡에서 연락처 액세스 허용 유무를 묻는 창이 나타나면 **[허용]을 터치합니다.**

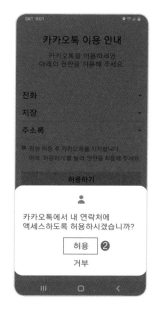

③ 전화 걸기 및 관리 허용, 기기 사진, 미디어, 파일 액세스 작업 허용과 파일 접근 메시지 창에서 모두 [허용]을 터치합니다. [새로운 카카오계정 만들기]를 터치합니다.

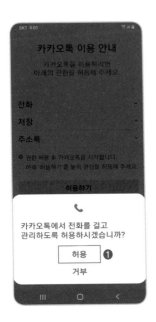
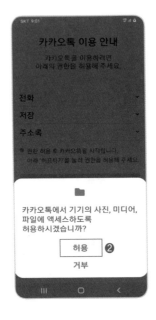

④ 이용약관 화면에서 필수 항목만 선택한 다음 [동의하고 계속 진행합니다]를 터치합니다. 본인의 전화번호가 입력되면 [확인]을 터치합니다.

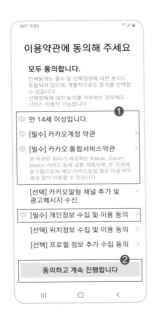

Tip

이용약관에 '모두 동의합니다.'를 선택하면 이벤트나 마케팅 메시지가 올 수 있으므로, [선택] 옵션은 가급적 선택하지 않는 것이 좋습니다.

⑤ 인증번호를 받기 위한 전화번호 확인 창에서 [확인]을 터치한 다음 [인증번호 전화로 받기]를
터치하고 [확인]을 터치합니다.

⑥ 잠시 후 카카오톡에서 전화가 오면 📞(수신)을 터치합니다. 유선상의 안내에 따라 진행한 후
안내받은 인증번호 4자리를 메모합니다. 안내가 끝나면 ☎(통화 종료)를 터치합니다.

⑦ 안내 받은 **인증번호 4자리를 입력**한 후 [확인]을 **터치합니다.** 카카오톡 계정에 사용할 비밀번호 입력 후 똑같은 **비밀번호를 한 번 더 입력**한 후 [확인]을 **터치합니다.**

⑧ 본인의 이름을 정확히 입력한 다음 '주소록 친구 자동 추가'에 체크 표시가 된 상태에서 [확인]을 **터치합니다.** 프로필 사진 등록 창에서 [기본 이미지로 설정]을 **터치합니다.**

Tip

'주소록 친구 자동 추가'를 선택하면 연락처에 저장되어 있는 사람들 중 카카오톡을 사용하고 있는 사람들이 자동으로 친구 목록에 추가됩니다.

⑨ 다시 인증을 위해 본인의 이메일을 입력하고 '**개인정보 수집 및 이용 동의**'를 선택한 다음 **[인증메일 발송]을 터치합니다.** 인증메일을 보낸다는 창에서 **[확인]을 터치합니다.**

Tip

이메일 주소 또는 이메일 비밀번호를 잃어버린 경우 [나중에 하기]를 터치합니다.

⑩ 이메일에 접속하여 카카오톡에서 보낸 **인증 번호를 입력한 후 [확인]을 터치하면** 다음과 같이 카카오톡에 가입됩니다.

27 프로필 설정하기

① 내 프로필을 설정하기 위해 카카오톡 시작 화면에서 ▲(친구)를 터치한 다음 **내 프로필을 터치합니다.** 내 프로필 화면에서 ✎(프로필 편집)을 터치합니다.

② 프로필 배경 이미지를 변경하려면 ◙(카메라)를 터치한 다음 [앨범에서 사진 선택]을 선택합니다. 갤러리에서 **배경으로 사용할 사진을 선택합니다.**

③ 사진 편집 화면에 (필터)를 터치하여 이미지에 적용할 **필터를 선택한 후 [확인]을 터치합니다.**
이번에는 미니 프로필 부분을 터치한 다음 **[앨범에서 사진/동영상 선택]을 터치합니다.**

Tip

필터(Filter)
사진에 특수 효과를 적용하여 독특한 색감의 사진을 표현할 수 있습니다.

④ 갤러리에 저장된 사진에서 **프로필 사진으로 설정할 이미지를 선택합니다.** 이미지 편집 화면에서
[확인]을 터치합니다.

⑤ 상태메시지를 설정하려면 **[상태메시지를 입력해 주세요]**를 터치합니다. 상태메시지 편집
화면에서 **메시지를 입력하고 [확인]**을 터치합니다.

⑥ **[완료]**를 터치하여 프로필을 저장한 다음 ✕**(닫기)**를 터치합니다.

28 친구와 대화하기

① 친구와 일대일로 대화하려면 👤**(친구)**를 **터치**한 다음 친구 목록에서 **대화할 친구를 선택합니다.** 친구의 프로필 화면에서 💬**(1:1채팅)**을 **터치합니다.**

> **Tip**
> 친구 프로필 사진에 🌐 이미지가 있는 경우 친구로 등록되지 않은 해외번호 가입자이므로 메시지를 받을 때 주의해야 됩니다.

② **메시지 입력란을 터치**한 다음 메시지를 입력하고 ▶**(전송)**을 **터치합니다.** 사진을 전송하기 위해 메시지 입력란에 ⊕**(추가)**를 **터치**한 다음 🖼**(앨범)**을 **터치합니다.**

> **Tip**
> 추가 목록 화면을 왼쪽으로 드래그하면 상대방에게 사진뿐만 아니라 음성 메시지, 연락처, 지도, 파일 등을 보낼 수 있습니다.

③ 갤러리에서 **전송할 사진을 선택한** 다음 ▶(전송)을 **터치합니다.** 이모티콘을 보내려면 ☺(이모티콘)을 터치한 다음 원하는 모양을 선택하고 ▶(전송)을 터치합니다.

> **Tip**
> [전체]를 터치하면 갤러리에 저장되어 있는 사진을 볼 수 있습니다.

④ 보낸 메시지를 삭제하려면 대화창에서 삭제할 메시지를 **2초 이상 길게 누른** 다음 [삭제]를 터치합니다. [삭제] 창에서 [**모든 대화 상대에게서 삭제**]를 선택한 후 [**확인**]을 터치합니다.

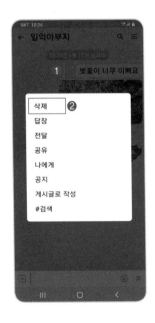

⑤ [모든 대화 상대에게서 삭제] 창에서 **[삭제]를 선택합니다.** 메시지가 삭제되어 화면에 '삭제된
　메시지입니다.'가 표시됩니다.

Tip

메시지 삭제는 내가 보낸 글
을 상대방이 읽지 않은 상태
에서만 메시지를 삭제할 수
있습니다. 상대방이 내 글을
읽은 후에는 메시지를 삭제
할 수 없습니다.

Tip

답장하기

메신저로 대화를 하다보면 키패드로 입력하는 속도가 느려 상대방 질문에 동문서답으로 답변하는 경우가 있습니다.
이때 답장 기능을 활용합니다. 답장을 쓸 대화를 2초간 누르면 나타나는 메뉴에서 [답장]을 선택한 다음 메시지를 입력
하고 ▶ (전송)을 터치하면 질문 아래 답장이 표시됩니다.

① 친구 목록에서 **대화할 친구를 선택한** 다음 친구의 프로필 화면에서 [□ 1:1채팅]을 터치합니다.

② 대화방 ☰(메뉴)를 터치하여 [대화상대 초대]를 선택합니다. 대화상대 초대 친구 목록에서 **초대할 친구를 선택한** 후 [확인]을 터치합니다.

③ 메시지 창에 내용을 입력한 다음 ▶(전송)을 **터치하면** 초대한 친구들과 대화를 나눌 수 있습니다. 메시지 알람이 울리지 않게 하려면 대화방의 ☰(메뉴)를 터치합니다.

④ 채팅방 서랍에서 🔔(알람)을 **터치하면** 채팅방 알람이 해제됩니다. 채팅방에서 나가려면 채팅방 서랍에서 ➡(나가기)를 **선택한** 다음 [확인]을 **선택합니다.**

 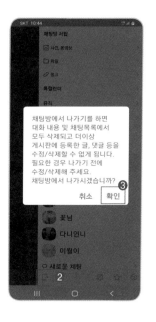

Tip
채팅방을 나가면 대화 내용
이 모두 삭제됩니다.

보이스 톡과 페이스 톡으로 대화하기

① 친구 목록에서 음성으로 **대화할 친구를 선택**한 다음 프로필 화면에서 [✆ **통화하기**]를 **선택합니다.**

② 통화 선택 화면에서 [☎ **보이스톡**]을 **선택한** 다음 보이스 톡이 연결되면 음성으로 대화를 나눈 후 ●(**종료**)를 **터치합니다.**

> *Tip*
> 보이스톡을 실행했을 때 카 카오톡에서 녹음 허용 유무를 묻는 창이 나타나면 [허용]을 터치합니다.

③ 영상 통화를 하려면 친구 목록에서 음성으로 **대화할 친구를 선택한** 다음 프로필 화면에서 [ㆍ
통화하기]를 선택합니다.

Tip

와이파이가 연결된 상태에
서는 무료로 영상 통화를 할
수 있으나 3G 또는 LTE 환
경에서는 데이터 통화 요금
발생됩니다.

④ 통화 선택 화면에서 [◼ **페이스톡]을 터치하고,** 데이터 사용 알림 창에서 **[확인]을** 누르면
상대방과의 영상통화가 시작됩니다. 통화가 끝나면 화면을 터치하여 ◉**(종료)를 터치합니다.**

31 친구 관리하기

① 메시지를 받고 싶지 않은 친구를 차단하려면 친구 목록에서 **차단할 친구를 2초 이상 길게 누른** 다음 **[차단]을 선택합니다.**

② 차단 여부를 묻는 메시지 창에서 **[확인]을 터치하면** 친구가 차단됩니다. 친구 차단을 해제하려면 카카오톡 시작 화면에서 ⚙(설정)을 터치한 다음 [친구 관리]를 선택합니다.

③ 친구 설정 화면에서 **[차단친구 관리]**를 **터치하고** 차단 관리할 친구의 **[관리]**를 **선택합니다.**

Tip

숨김친구 관리
숨김친구로 등록된 친구는 친구 목록에는 표시되지 않지만 친구가 보낸 메시지는 받을 수 있습니다.

④ 차단 관리 창에서 **[차단 해제]**를 **선택한** 다음 **[확인]**을 **터치합니다.** 차단 해제된 친구를 친구로 추가할지 묻는 창에서 **[친구 추가]**를 **선택해야** 친구 등록이 됩니다.

 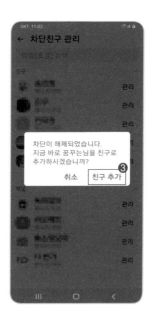

1. 내 프로필의 배경과 미니 프로필 사진, 상태메시지를 설정해보세요.

2. 친구와 문자로 1:1 대화를 나눠보세요.

3. 친구에게 사진과 이모티콘을 보내보세요.

4. 친구와 음성으로 보이스톡을 해보세요.

Part 08

생활에
필요한
스마트한
앱

스마트폰에서 사용할 수 있는 앱은 사용 분야에 따라 유료 앱과 무료 앱이 있습니다. 이번 시간에는 음성 인식 서비스를 이용하여 구글 어시스턴트를 사용하는 방법과 모바일 팩스 앱을 활용하여 무료로 팩스를 보내 보고, 생활에 유용한 앱을 활용하는 방법에 대해 알아보겠습니다.

미리보기

학습내용

- 음성으로 스마트폰을 조작하는 방법에 대해 알 수 있습니다.
- 알약 앱으로 스마트폰을 관리할 수 있습니다.
- 모바일 팩스 앱으로 팩스를 보낼 수 있습니다.
- 파일 관리자 앱으로 스마트폰에 저장되어 있는 파일을 관리할 수 있습니다.

32 구글 어시스턴트로 명령 실행하기

① ◎(홈) 버튼을 **2초 이상 길게 누르면** 구글 어시스턴트가 실행됩니다. 구글 어시스턴트가 실행되면 **"날씨 알려줘"**를 말합니다.

Tip
구글 어시스턴트(Google Assistant)는 음성을 인식하여 메시지를 보내거나, 정보를 검색하는 등의 수행을 하는 인공지능(AI) 비서 시스템입니다.

② 구글 어시스턴트가 오늘 날씨를 음성으로 알려줍니다. 더 많은 어시스턴트 기능을 이용하려면 **[시작하기]를 터치합니다.** 구글과 대화하는 새로운 방법 화면에서 **[계속]을 터치합니다.**

③ 화면이 꺼져 있어도 음성으로 구글 어시스턴트를 실행하기 위한 안내 화면에서 **[다음]**을 **터치한** 후 Voice Match 동의 화면에서 ⊙**(확장) 단추를 터치합니다.**

④ Voice Match 사용에 동의 내용을 읽어본 후 **[동의]를 터치합니다.** 잠금 화면에 개인 정보 검색결과 표시에서 '표시하지 않음'을 선택하고 **[더보기]를 터치합니다.**

⑤ 다음과 같이 어시스턴트 설정 권한을 중지할 수 있다는 창에서 **[다음]을 터치한** 다음 어시스턴트 최대한 활용하기 화면에서 **[다음]을 터치합니다.**

⑥ 잠겨있는 화면이나 홈 화면에서 **'헤이 구글'을 말하면** 구글 어시스턴트가 실행되며, **'언니에게 조심히 다녀오라고 문자 보내줘'를 음성으로 입력합니다.**

Tip
구글 어시스턴트를 이용하여 전화나 문자 메시지를 보낼 경우 연락처에 저장되어 있는 이름으로 전화 또는 문자 메시지를 보낼 수 있습니다.

⑦ 구글이 언니로 저장되어 있는 전화번호를 검색한 다음 전송할 내용 수정 여부를 묻는 화면이 나타나면 **'확인'이라고 말합니다.** 그러면 구글 어시스턴트가 해당 연락처로 문자를 전송합니다.

⑧ 이번에는 알람을 설정하기 위해 구글 어시스턴트의 🎤**(마이크)를 터치한** 다음 **'1시간 뒤에 약먹으라고 알람 맞춰 줘'를 음성으로 입력하면** 알람이 설정됩니다.

33 알약으로 스마트폰 검사하기

① Play 스토어 앱을 실행하여 **"알약"을 검색한** 다음 알약 설치 화면에서 **[설치]를 터치합니다.**
알약 앱 설치가 완료되면 **[열기]를 터치합니다.**

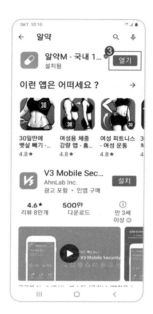

② 약관 동의 화면에서 **'사용자 이용 약관 동의(필수)'를 선택한** 후 **[다음]을 터치합니다.** 권한
설정 안내 화면에서 **[권한 허용]을 터치합니다.**

③ 알약M에서 기기의 사진, 미디어, 파일에 액세스 허용 유무를 묻는 창에서 **[허용]**을 터치하고 다른 앱 위에 표시 화면에서 **'권한 허용'을 활성화** 한 다음 **[＜다른 앱 위에 표시]**를 터치합니다.

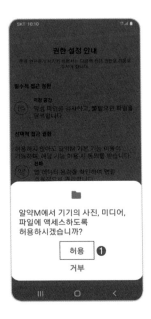 

④ 사용정보 접근 허용 화면에서 **[＜사용정보 접근 허용 화면]**을 **터치한** 다음 **[알림 접근 허용]** 화면에서 **[＜알림 접근 허용]**을 터치합니다.

⑤ 다시 권한 설정 안내 화면에서 **[다음]을 터치합니다.** 데이터 사용 옵션에서 **'Wi-Fi만 사용'**을
선택하고 **[완료]를 터치합니다.**

⑥ 알약M의 시작 화면에서 **[더! 업그레이드된 알약M 시작하기>]를 터치합니다.** 스마트폰이
안전한지 검사하기 위해 홈 화면에서 **[검사]를 터치한** 다음 **[🔍 검사하기]를 터치합니다.**

⑦ [검사 영역] 창에서 **'앱 설치 파일(추천)'을 선택하고 [검사하기]를 터치합니다.** 스마트폰의
바이러스 검사가 완료되면 **〈 (뒤로)를 터치하여** 이전 화면으로 이동합니다.

⑧ 스마트폰에 저장되어 있는 불필요한 파일을 삭제하려면 **[청소]를 선택한** 다음 **[🗑청소하기]를
터치합니다.** 불필요한 파일의 용량이 표시되면 **[청소]를 터치합니다.**

알림창에 빠른 실행바 끄기

① 스마트폰의 상태표시줄을 아래로 드래그하면 알약 앱의 주요 기능을 빠르게 실행할 수 있는 빠른 실행 바가 등록됩니다. 빠른 실행 바를 왼쪽으로 드래그하여 ✿(환경 설정)을 터치합니다.

② 앱 알림 화면에서 [알림 받기]를 터치하여 비활성화 시킨 다음 [< 앱 알림]을 터치합니다. 스마트폰의 상태표시줄을 아래로 드래그하면 알약의 빠른 실행 바가 감춰진 것을 확인할 수 있습니다.

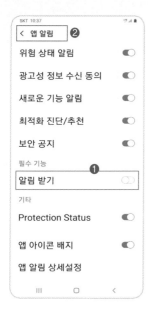

34 모바일 팩스 보내기와 받기

① Play 스토어 앱을 실행하여 **'모바일팩스'를 검색한** 다음 모바일팩스 설치 화면에서 **[설치]를** **터치합니다.**

② 설치가 완료되면 **[열기]를 터치하고** [접근 권한 안내] 화면에서 **[다시 보지 않기]를 터치합니다.**

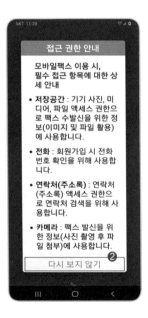

③ 모바일 팩스에서 연락처에 접근 허용을 묻는 창에서 **[허용]을 터치한** 다음 전화 걸기 및 관리 유무를 묻는 창에서 **[허용]을 터치합니다.**

④ 같은 방법으로 사진 촬영 및 동영상 녹화, 기기 사진, 미디어, 파일 액세스, 주소록 액세스, 시스템 설정 수정 등 메시지 창이 나타나면 모두 **[허용]을 터치합니다.**

⑤ 회원가입 화면에서 '**전체 동의**'를 선택하고 [다음]을 **터치합니다.** 사용하고 있는 팩스번호가 있으면 정보입력 화면에 입력하고 없으면 '**신규가입**'을 선택하고 [다음]을 **터치합니다.**

Tip

사용하고 있는 팩스 번호가 있으면 '사용하는 팩스번호를 입력해주세요!'를 터치한 다음 팩스번호를 입력합니다.

⑥ 추천 팩스 번호에서 **사용할 팩스 번호를 선택한** 후 [다음]을 **터치합니다.** 연락처 등록 메시지 화면에서 [**아니오**]를 선택합니다.

⑦ 모바일 팩스 가입 완료 화면에 본인의 팩스 번호가 나타나면 [**확인**]을 **터치합니다**. 모바일 팩스 홈 화면에서 [**⦿ 더보기**]를 **터치하면** 본인의 모바일 팩스번호를 알 수 있습니다.

⑧ 팩스로 문서를 보내기 위해 '**문서사진**'을 **선택한** 다음 [**사진/문서 첨부**]를 **터치하고** 파일 선택 메시지 창에서 [**⌾ 카메라**]를 **선택합니다**.

> **Tip**
> [▣ 갤러리]를 선택하면 스마트폰에 저장되어 있는 사진을 팩스로 보낼 수 있습니다.

⑨ 팩스로 보낼 **문서를 촬영한** 다음 촬영된 문서 사진을 확인한 후 **[확인]을 터치합니다.**

Tip
촬영한 문서 사진이 선명하지 않으면 [다시 시도]를 터치하여 문서 사진을 다시 촬영할 수 있습니다.

⑩ 사진 편집 화면에서 ☺(**회전)을 터치하여** 사진을 회전시키고, ✂(**맞춤)을 터치한** 다음 ✔(**확인)을** 눌러 용지 크기를 맞춥니다. 변경된 이미지 사용을 묻는 화면에서 **[예]를 터치합니다.**

⑪ 수신 번호 입력란을 터치하여 **상대방 팩스 번호를 입력** 후 [완료]를 터치한 다음 [팩스 발송]을
터치합니다.

⑫ [ **발송내역**]을 터치하면 팩스 발송 여부를 확인할 수 있습니다. **발송이 안 된 팩스를 2초간
누르면** 팩스를 재전송하거나, 발송 내역을 삭제할 수 있는 메뉴가 나타납니다.

⑬ 모바일로 팩스가 오면 수신 내역에 숫자가 표시됩니다. [🖼 **수신내역**]을 터치한 다음 **수신할 팩스를 선택**합니다.

⑭ 선택한 팩스가 다운로드 되면 팩스 파일을 선택하여 내용을 확인할 수 있습니다. 받은 팩스 문서를 스마트폰에 저장하려면 [⁜ **공유**]를 **터치**한 다음 [⬤ **인쇄**]를 선택합니다.

⑮ **인쇄 목록 단추를 클릭하여 [PDF 파일로 저장]을** 선택하고 [🞃 **다운로드]를 터치합니다.** 저장위치 화면에서 **[Download] 폴더를 선택합니다.**

⑯ [Download] 폴더 화면에서 **[저장]을 터치합니다.**

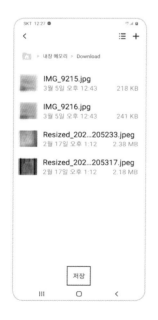

폴더 만들기

[Download] 폴더에서 +를 터치한 다음 폴더 만들기 화면에서 폴더 이름을 입력하고 [추가]를 터치하면 새로 만든 폴더에 문서를 저장할 수 있습니다.

① Play 스토어 앱을 실행하여 **'파일관리자'를 검색한** 다음 검색된 목록에서 두 번째 '파일 관리자'의 **[설치]를 터치합니다.** 설치가 완료되면 **[열기]를 터치합니다.**

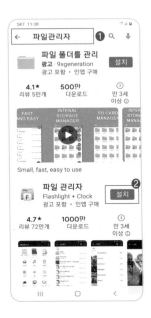

② 파일관리자의 기기 사진, 미디어, 파일 액세스 허용 메시지 창에서 모두 **[허용]을 선택합니다.** 인터넷에서 다운로드 받은 파일을 관리하기 위해 **[📥 다운로드]를 터치합니다.**

③ 다운로드 폴더 화면에서 **삭제할 사진 파일을 선택한** 다음 **열린 사진 파일을 다시 터치합니다.**
사진을 지우기 위해 [🗑 삭제]를 터치합니다.

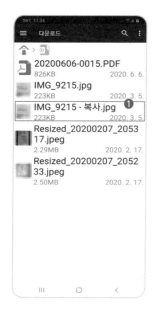

④ 선택한 파일을 삭제하기 위해 **[확인]을 터치하면** 사진이 삭제됩니다. 스마트폰의 〈**(뒤로)를**
터치합니다.

Tip

삭제 화면에서 '완전히 삭제'
에 체크표시가 되어 있으면
스마트폰에서 사진이 완전
삭제되며 삭제하기 이전 상
태로 되돌릴 수 없습니다.

⑤ ☝(홈)을 터치하여 파일 관리자 홈 화면으로 이동합니다. 사용하지 않는 앱을 삭제하기 위해
🤖(앱)을 터치합니다.

⑥ 사용하지 않는 앱을 지우기 위해 삭제할 앱을 **2초 이상 길게 누른** 다음 🗑(제거)를 터치합니다.
앱 제거 유무를 묻는 창에서 **[확인]**을 터치합니다.

스마트폰 저장 용량 알아보기

① 앱스 화면에서 [Samsung] 폴더를 터치한 다음 [🖿 내 파일]을 터치합니다.

② [내 파일] 화면에서 [저장공간 분석]를 터치하면 스마트폰 저장 공간을 얼마나 사용하고 있는지 확인할 수 있습니다.

1. 구글어시스턴트를 이용하여 유튜브 앱을 실행시켜 보세요.

힌트

[ㅇ 홈] 버튼을 2초 이상 길게 눌러 구글어시스턴트를 실행하고 "유튜브 실행"이라고 말합니다.

2. 알약 앱을 이용하여 스마트폰의 불필요한 파일을 제거해보세요.

힌트

알약 앱에서 [청소]를 선택하여 불필요한 파일을 삭제할 수 있습니다.

3. 아이콕스 홈페이지 사진을 촬영하여 팩스번호 '0504-268-8197'로 모바일 팩스를
   보내보세요.

힌트

홈페이지 화면을 사진 촬영한 다음
상대방 팩스 번호를 입력한 후 [팩스
발송]을 터치합니다.

4. 파일 관리자 앱을 이용하여 사용하지 않는 앱을 삭제해보세요.

힌트

파일 관리자 앱에서 [앱]을 선택하
여 사용하지 않는 앱을 삭제할 수 있
습니다.

Part 09 자주하는 질문

1. 문자 알림이 울리지 않습니다

[⚙ 설정] – [알림]을 선택하여 메시지의 알림을 확인합니다. 알림이 비활성화 되어 있으면 문자 메시지가 도착해도 알림이 울리지 않습니다.

2. 특정 전화번호가 수신되지 않습니다

전화 앱을 실행한 다음 ⋮(더보기) – [설정] – [수신 차단]을 눌러 수신 차단 목록에 전화번호가 등록되어 있는지 확인합니다. 만약 수신 차단에 전화번호가 있으면 [− 해제]를 터치합니다.

  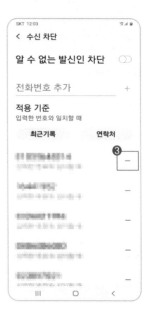

3. 대출 권유 문자 차단하고 싶어요

① 메시지 앱을 실행한 다음 ⋮(더보기) – [설정] – [번호 및 메시지 차단]을 선택합니다.

② [메시지 차단] 화면에서 [차단 문구]를 선택합니다. [차단 문구] 화면에서 차단할 단어나
문구를 입력한 다음 [+ 추가]를 터치하고, [알림] 메시지 창에서 [확인]을 선택합니다.

4. 스마트폰 화면의 앱 아이콘 크기가 갑자기 커졌어요!

① 쉬운 사용 모드가 설정되면 스마트폰 아이콘 크기가 커집니다. [⚙ 설정] – [디스플레이]를 터치합니다.

② [디스플레이] 창에서 [쉬운 사용 모드]를 터치하여 비활성화시킵니다.

5. 앱스 버튼이 화면에 없어요!

① 스마트폰 기종에 따라 앱스 버튼이 홈 화면에 표시되지 않을 수도 있습니다. 앱스 버튼을 홈 화면에 표시하려면 [⚙ 설정] – [디스플레이]를 터치합니다.

② [홈 화면] – [앱스 버튼]을 터치하여 활성화 시킵니다.

6. 화면이 자주 꺼져서 불편합니다

화면 자동 꺼짐 시간을 길게 설정하면 됩니다. [⚙ 설정] – [디스플레이] – [화면 자동 꺼짐 시간]을 터치하여 원하는 시간을 선택합니다.

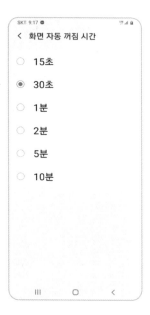

7. 수면 시간에 알림을 받고 싶지 않아요

[⚙ 설정] – [디지털 웰빙 및 자녀 보호 기능] – [수면 준비 모드]를 터치하여 예약 시간을 설정하면 수면에 방해되지 않도록 화면이 흑백으로 변경되고 알림이 차단됩니다.

8. 카카오톡 글씨를 크게 보고 싶어요!

① 카카오톡 대화창의 글씨를 확대하려면 [⚙ 설정] – [전체 설정]을 터치한 다음 [설정] 화면에서 [화면]을 터치합니다.

② [화면]에서 [글자 크기]를 터치한 다음 원하는 글자 크기로 슬라이드를 오른쪽으로 드래그합니다.

Part 10

스마트한 다양한 앱 알아보기

1. 건강 헬스! 만보기

하루 걸음수를 카운트해주는 앱으로, 하루 동안 걸은 거리, 소모된 칼로리, 보행 시간 등을 알려줍니다.

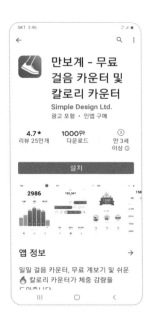

2. 외국어 두렵지 않다. 구글 번역기

한글을 영어, 일본어, 중국어 등의 언어로 번역할 수 있을 뿐만 아니라 음성으로 입력한 말을 원하는 언어로 번역할 수 있습니다.

3. 내 폰안에 신용카드 삼성 페이

신용 카드를 등록하면 신용 카드를 가지고 다니지 않아도 결제를 할 수 있습니다.

4. 집 앞까지 온다! 카카오택시

카카오 T 앱에 출발지와 도착지를 입력하면 택시를 집 앞까지 호출할 수 있습니다.

5. 대한민국 구석구석 여행정보

한국관광공사에서 제공하는 국내 관광, 축제, 추천여행 등의 여행 정보를 다양한 형태로 제공하고 있습니다.

6. 기차 여행의 최강자 코레일 톡

국내 기차여행부터 관광 열차, 테마파크 상품까지 손쉽게 검색하고 예약할 수 있습니다.

7. 만화 주인공으로 변신하는 모멘트캠

내 얼굴 사진을 캐리커처나 이모티콘으로 간단하게 표현할 수 있습니다.

8. 일상이 특별해지는 AR 카메라! SNOW

셀카 사진에 다양한 이모티콘이나 애니메이션을 적용하여 특별한 사진을 만들 수 있습니다.